Entdecke die Singvögel

Thomas Schmidt

Titelbild: Gimpel, Singdrossel, Blaumeisen
Rückseite: Beutelmeise, Eichelhäher

Seite 1: Singende Nachtigall
Seite 3: Singende Goldammer

Die in diesem Buch enthaltenen Angaben wurden vom Autor nach bestem Wissen erstellt und sorgfältig überprüft. Da inhaltliche Fehler trotzdem nicht völlig auszuschließen sind, erfolgen diese Angaben ohne jegliche Verpflichtung des Verlages oder des Autors. Beide übernehmen keine Haftung für etwaige inhaltliche Unrichtigkeiten. Alle Rechte, insbesondere das Recht der Vervielfältigung und Verbreitung sowie der Übersetzung sind vorbehalten. Kein Teil des Werkes darf in irgendeiner Form (Druck, Fotokopie, Mikrofilm oder andere Verfahren) ohne schriftliche Genehmigung des Verlages reproduziert oder unter Verwendung elektronischer Systeme verarbeitet, gespeichert oder vervielfältigt werden.

3. Auflage 2021

ISBN: 978-3-86659-267-4

© 2015 Natur und Tier - Verlag GmbH
An der Kleimannbrücke 39/41
48157 Münster
Tel.: 0251-13339-0
Fax: 0251-13339-33
E-Mail: verlag@ms-verlag.de
Home: www.ms-verlag.de
Geschäftsführung: Matthias Schmidt
Layout: Tanja Denker
Lektorat: Kriton Kunz
Bildredaktion: Thomas Schmidt
Druck: Drusala, Frýdek-Místek

Vorsatz: FLPA/Arco images

WILDLIFE Bildagentur GmbH
Titelseite: unten links: R. Usher
Seite 4: unten: H.Hegen/Juniors
Seite 9: unten: Juniors Bildarchiv
Seite 10: oben: R. Usher
Seite 11: oben: A. Harmer
Seite 13: oben: Varesvuo, M.
Seite 14: oben links: R. Usher,
oben rechts: Juniors Bildarchiv
Seite 15: unten: Varesvuo, M.
Seite 16: oben links: de Francisco, unten: M. Lane
Seite 18: unten: H. Schweiger
Seite 19: unten rechts: R. Usher
Seite 21: unten: Juniors Bildarchiv
Seite 23: links: Varesvuo, M., rechts: Francisco
Seite 24: unten: R. Maier/Juniors
Seite 26: rechts: R. Usher
Seite 28: oben: R. Usher, Mitte: D. Harms
Seite 29: oben & unten: Juniors
Seite 30: R. Usher
Seite 32: unten: M. Lane
Seite 15: oben: Varesvuo, M., unten: M. Hamblin
Seite 36: oben & unten: D. Harms
Seite 39: oben: De Francis, unten: Varesvuo, M.
Seite 40: Juniors Bildarchiv
Seite 43: unten links: Juniors Bildarchiv,
unten rechts: M. Lane
Seite 47: oben: D. Harms
Seite 49: oben: B. Rorrell, unten: Juniors
Seite 52: M. Varesvuo
Seite 53: oben rechts: Schweiger/Arendt
Seite 55: G. Delpho
Seite 56: R. Usher

Thinkstock Images International
Rückseite: oben: Nikolay Stoilov,
unten: Utopia_88
Seite 1: Wouter Marck
Seite 2/3: srniak
Seite 4: oben links: NATUREPHOTO457,
oben rechts: rob_lan
Seite 5: oben: Wouter Marck, unten: szefei
Seite 6: unten links: katielovephotography.com
Seite 9: oben: MikeLane45
Seite 13: unten: MarcinSl1987
Seite 17: oben: MikeLane45
Seite 19: unten: Nikolay Stoilov,
unten links: SanderMeertins
Seite 20: oben rechts: Ornitolog82,
unten: Zoonar RF
Seite 21: oben links: MikeLane45
Seite 22: oben: SoumenNath, unten: CraigWWalker
Seite 26: unten: Andrew Howe
Seite 27: oben: Vassiliy Vishnevskiy
Seite 28: unten: Fuse
Seite 31: odole
Seite 33: oben: GlobalP
Seite 34: Mats Lindberg
Seite 37: oben: MikeLane45, unten: Gerdzhikov
Seite 38: oben: Robjem
Seite 41: oben: JensGade, unten: rekemp
Seite 42: Nikoncharly
Seite 43: oben: Leopardinatree
Seite 44: oben: pum_eva, unten: MikeLane45
Seite 45: MikeLane45
Seite 46: oben: MikeLane45
Seite 47: unten: Gerdzhikov
Seite 48: oben: Sylvia_Adams
Seite 50: oben: Victorburnside,
Hintergrund: Schaef1, unten: UrosPoteko
Seite 51: unten: chris2766
Seite 54: unten: VivaZa

Shutterstock, Inc.
Titelseite: unten rechts: panbazil
Seite 6: oben: Vishnevskiy Vasily,
unten rechts: Erni
Seite 7: Menno Schaefer
Seite 8: links: Bildagentur Zoonar GmbH,
rechts: Marcin Perkowski
Seite 10: unten: Mark Caunt
Seite 11: unten: Peter Krejzl
Seite 12: oben: Gerry Alvarez-Murphy,
unten: Vishnevskiy Vasily
Seite 14: unten: Raulin
Seite 15: oben: Bildagentur Zoonar GmbH
Seite 16: oben rechts: xpixel
Seite 17: unten: Sue Robinson
Seite 18: oben: Erni
Seite 20: oben links: Flaxphotos
Seite 21: oben rechts: bikeriderlondon
Seite 24: oben: BMJ
Seite 25: unten: ER_09
Seite 27: unten: Maslov Dmitry
Seite 32: oben: Vishnevskiy Vasily
Seite 33: unten: Vitaly Ilyasov
Seite 40: unten: Erni
Seite 48: unten: martyn bennett

OKAPIA
Titelseite: oben: imageBROKER/
Franz Christoph Robiller
Seite 25: oben: imageBROKER/Konrad Wothe
Seite 53: oben links: Cyril Ruoso/BIOS,
unten: imageBROKER/Hans Lang

Sonstige
Rückseite: Autorenfoto:
Magdalena Pisarczyk

Inhaltsverzeichnis

Willkommen in der Welt der Singvögel! ... 4

Warum singen Singvögel? ... 8

Speisezettel der Singvögel ... 13

Familienleben der Singvögel ... 18

Gefährdung und Schutz der Sänger ... 22

Singvögel beobachten ... 26

Singvögel im Porträt ... 30
- Amsel ... 31
- Buchfink ... 32
- Eichelhäher ... 34
- Feldlerche ... 36
- Gimpel ... 38
- Haussperling ... 40
- Kohlmeise ... 42
- Nachtigall ... 44
- Rauchschwalbe ... 46
- Rotkehlchen ... 48
- Star ... 50
- Zaunkönig ... 52

Extra: Großes Singvögel-Quiz ... 54

Über 100 verschiedene Strophen kann die Amsel flöten

Der Gesang des Gimpels ist sehr unauffällig

Willkommen in der Welt der Singvögel!

Wo Du auch zu Hause bist: Singvögel sind in Deiner Nähe! Auf der Fernsehantenne sitzt eine Amsel und flötet ihr melodisches Lied, ein Rotkehlchen lässt seinen wehmütigen Gesang aus einem Gebüsch im Garten erklingen, und im Park ruft eine Kohlmeise wiederholt „Zizibäh". Natürlich wirst Du nicht überall die gleichen Singvögel beobachten können. So liebt die Nachtigall unterholzreiche Laub- und Mischwälder und lässt sich deshalb nicht im Stadtzentrum blicken.

Jede Menge Singvögel!

Singvögel sind mit rund 4.000 Arten die weltweit größte Vogelgruppe. Dazu zählen Supersänger wie die Nachtigall oder die Amsel, aber auch Vögel mit weniger auffallenden Stimmen wie etwa der Gimpel oder der Kernbeißer. Auch Krähen gehören zu den Singvögeln, denn sie sind mit den übrigen Singvögeln verwandt – es geht also bei dieser Zuordnung nicht darum, ob ein Vogel „schön" singt oder nicht.

Ein Teichrohrsänger sitzt an einem Schilfstängel und schmettert seinen Gesang

Melancholisch klingt der Gesang des Rotkehlchens

Der Teichrohrsänger lebt im Schilfröhricht am Ufer von Seen und Teichen. Daher kannst Du ihn auf einem Acker niemals singen hören. Zum Lebensraum der Tannenmeise gehören Bestände verschiedener Nadelbäume. Dort wirst Du sie also am ehesten beobachten können.

Sicher möchtest Du alles über die spannende Welt der Singvögel erfahren und freust Dich auf weitere Informationen. Warum singen sie? Was steht auf ihrem Speisezettel, und wie läuft ihr Familienleben ab? Welchen Gefahren sind Singvögel ausgesetzt, und was kann ich für ihren Schutz tun? Diese und weitere Fragen möchte ich Dir hier beantworten. Natürlich dürfen auch Porträts einiger interessanter Singvogelarten nicht fehlen. Schließlich gebe ich Dir noch hilfreiche Tipps zum Beobachten von Singvögeln, und Du kannst Dein Singvogel-Wissen bei einem Quiz testen. Viel Freude beim Lesen!

Singvögel gibt es überall!

Singvögel haben fast die ganze Welt erobert. Du findest sie also nicht nur vor Deiner Haustür, sondern auch in weit entfernten Regionen. Dort leben teils sehr exotische Arten, die man auf den ersten Blick vielleicht gar nicht für Singvögel halten würde, beispielsweise diesen Paradiesvogel auf dem Foto oder die Leierschwänze.

„Si-si-si-si-si-si-SÜÜÜÜ" singt die Goldammer

Die Stimme der Singvögel

Stelle Dir vor, Du sitzt auf einer Parkbank und hörst das Gezwitscher der Singvögel. Doch wer piept da? Ist es eine Amsel oder ein Buchfink? Wenn Du im zeitigen Frühjahr unterwegs bist, sind noch keine Blätter an den Sträuchern und Bäumen. Dann kannst Du die Sänger sehen und in einem Bestimmungsbuch nachschlagen, um welche Art es sich handelt. Schwieriger wird es ab April und Mai. Meist sind die Singvögel dann schon im Blattgewirr versteckt und machen sich lediglich durch ihre Rufe und Gesänge bemerkbar. Nur wenn Du die Stimmen kennst, weißt Du, wer dort so ein schönes Konzert veranstaltet.

Kleinster und größter Singvogel
Unser kleinster Singvogel ist das Wintergoldhähnchen. Es wird nur neun Zentimeter lang. Unser größter Singvogel heißt Kolkrabe. Mit einer Länge von über sechzig Zentimetern wird er fast sieben Mal so groß wie das Wintergoldhähnchen.

Der Eichelhäher warnt mit einem lauten „Räätsch"

Bei manchen Arten ist es nicht schwer, sich ihre Stimmen einzuprägen. So ruft der Zilpzalp, wie er heißt, nämlich „Zilpzalp, Zilpzalp". Für den Gesang anderer Vogelarten gibt es Merksprüche, beispielsweise „Cityfein! Cityfein!" für die Kohlmeise oder „Wie, wie, wie hab ich dich liiiieb!" für den Gesang der Goldammer.

Vergleichbar, wie Du Dich mit Deiner Sprache verständlich machst, sind auch die Vögel in der Lage, mit ihren Stimmen zu kommunizieren. So wirbt das Amselmännchen mit seinem melodiösen Gesang um die Gunst eines Weibchens. Der Eichelhäher warnt Artgenossen und andere Vögel mit seinem lauten „Räätsch" vor einem Feind, etwa einem Habicht oder Bussard.

Dein Stimmorgan heißt Kehlkopf. Es befindet sich im Hals, am Anfang der Luftröhre. Das Stimmorgan der Vögel dagegen nennt man Syrinx. Sie liegt am Ende der Luftröhre, exakt dort, wo diese sich in die beiden Bronchien aufgabelt, die zu den Lungenflügeln führen. Bei den Singvögeln ist die Syrinx am höchsten entwickelt.

Neben ihrem sehr leistungsfähigen Stimmorgan haben Singvögel noch einige weitere Gemeinsamkeiten: Sie hören hervorragend! Ihr gutes Gehör brauchen sie vor allem, um die Rufe und Gesänge ihrer Artgenossen hören zu können. Singvögel haben außerdem eine kräftige Flugmuskulatur und können deshalb ausgezeichnet fliegen. Ermöglicht wird das auch durch einen besonders effektiven Stoffwechsel. Dieser liefert genügend Energie für den anstrengenden Flug. Zusätzlich sind die meisten Knochen der Singvögel hohl und dementsprechend leicht. Das erleichtert das Fliegen natürlich ungemein.

Leistungsfähiges Stimmorgan

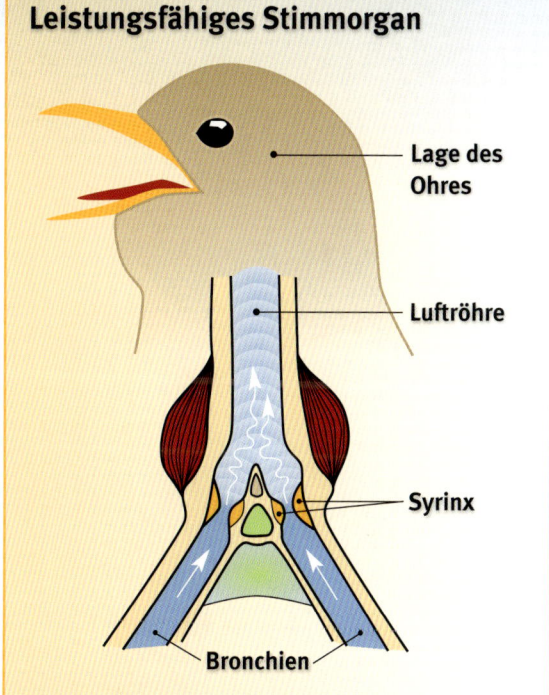

Die Syrinx der Singvögel ist so gebaut, dass verschiedenartigste Rufe und Gesänge möglich sind. Dieses Stimmorgan besteht im Wesentlichen aus verschiedenen Muskeln und Membranen. Die Membranen werden durch vorbeistreichende Luft in Schwingungen versetzt. Dadurch entstehen die Stimmen der Vögel, beispielsweise der liebliche Gesang der Nachtigall oder das heisere „Kräh" der Krähe.

Warum singen Singvögel?

Singvögel haben ihre eigene „Sprache". Jede Art singt anders. So macht der Pirol „düdlio", die Tannenmeise „Wietze, wietze, wietze". Manche, wie das Rotkehlchen, flöten für unser Empfinden sehr wohltönend und abwechslungsreich, andere, wie der Haussperling, hören sich eher monoton an. Aber ob schön oder nicht: Für die Singvögel spielt das keine Rolle. Denn die Männchen singen, um ein Weibchen anzulocken und um zu sagen: „Dieses Revier gehört mir!" Ein Revier ist das Gebiet, wo das Nest gebaut wird und die Vogelfamilie genug zu fressen findet. Hat beispielsweise ein Amselmännchen ein Revier gefunden, singt es ausgiebig und macht damit Konkurrenten deutlich, wer Herr im Hause ist. Manchmal reicht der Gesang allerdings nicht aus, um anderen Männchen zu zeigen, dass sie hier nichts verloren haben. Dann kämpfen die Amselhähne mitunter „Mann gegen Mann", dass die Federn fliegen. Dabei sind sie sehr erregt und lassen ein durchdringendes Tixen vernehmen, das sich manchmal bis zu einem heftigen Zetern steigert. Du siehst, die Amsel kann nicht nur singen, sie hat auch noch bestimmte Rufe auf Lager.

Mit einem melodischen „Düdlio" macht der Pirol auf sich aufmerksam

Der Gesang der Tannenmeise ist ein hell klingendes „Wietze, wietze, wietze"

Hat eine Amsel ein Revier erobert, möchte sie natürlich nicht alleine bleiben und lockt deshalb mit ihrem melodischen Flöten ein Weibchen an. Je schöner und abwechslungsreicher der Gesang ist, desto größer sind die Chancen, dass sich ein Weibchen zum Männchen gesellt. Ist das Amselmännchen schließlich verpaart, singt es nicht mehr so häufig und intensiv. Es hat ja seine beiden Ziele erreicht: Es besitzt nun ein Revier und eine Partnerin.

Der Amselhahn lockt mit schönem Gesang ein Weibchen herbei

Manchmal kämpfen Amselmännchen heftig um ein Revier

Die junge Amsel hat Hunger und ruft nach ihren Eltern

Jungen Singvögeln wird ihr Gesang nicht „ins Nest gelegt". Zwar beherrschen sie von Geburt an eine einfache Grundstruktur, die Feinheiten des Gesanges kommen dann aber erst in einer sensiblen Lernphase hinzu. Während dieser Zeit ahmen die Jungvögel die Stimmen ihrer gesanglichen Vorbilder nach. Meist sind es die Artgenossen, manchmal, wie beim Gimpel, muss es sogar der Vater sein.

Ein Star kann sogar Handy-Klingeln nachahmen

Doch nicht alle Singvögel lernen nur den arteigenen Gesang, manche bauen auch gern Rufe und Gesangsteile anderer Vogelarten in ihren Gesang ein. Der Biologe spricht hier von Spottsängern. Ein Beispiel dafür ist der Star. Stelle Dir vor, Du stehst unter einem Baum und hörst eine Amsel, einen Grünfinken und einen Pirol. Schaust Du nach oben, entdeckst Du nur einen Star. Er ahmt die Stimmen dieser drei Arten nach! Und er kann noch mehr. So hat er das Klingeln eines Handys ebenso drauf wie das Quietschen einer schlecht geölten Tür oder sogar die menschliche Stimme. Welchen biologischen Sinn das Spotten hat, ist bisher noch nicht erforscht. Vielleicht zeigt das Männchen damit dem Weibchen, was für ein toller Stimmenimitator es ist und damit was für ein toller Partner. Ein besonders begabter Spottsänger ist der Sumpfrohrsänger.

Der Gesang des Haussperlings ist ein monotones „Tschilpen"

Super-Spottsänger
Der Gesang des unscheinbaren Sumpfrohrsängers besteht fast ausschließlich aus Rufen und Gesängen artfremder Vögel. Er imitiert aber nicht nur die Stimmen einheimischer Vögel, sondern auch die Rufe und Gesänge afrikanischer Arten. Der Grund: Dieser Super-Spottsänger ist ein Zugvogel, der den Winter in Afrika verbringt und von den dortigen Vorbildern lernt. Es wird von einem Sumpfrohrsänger berichtet, der die Stimmen von 212 anderen Vogelarten imitieren konnte, darunter waren 113 Stimmen afrikanischer Vögel. Unglaublich, oder?

Gesänge und Rufe

Ein Singvogel kann nicht nur singen, er kann auch noch verschiedene Rufe hören lassen. Meist singen nur die Männchen, Rufe lassen aber auch die Weibchen hören. Rufe sind oft kürzer als Gesänge und erklingen in ganz unterschiedlichen Situationen. So rufen Buchfinken im Flug zart „Jüb". Fühlen sie sich von einer Katze oder einem anderen Feind bedroht, warnen sie mit einem hellen „Pink, pink". Während der Gesang ein gutes Unterscheidungsmerkmal der verschiedenen Arten ist, kann man das von den Rufen nicht immer sagen: Nicht nur Buchfinken rufen bei Gefahr „Pink, pink", auch Kohlmeisen können bei Erregung mit diesen Lauten reagieren.

Ein Münchner spricht in einem anderen Dialekt als ein Berliner. Auch bei einigen Singvogelarten gibt es diese „sprachlichen" Unterschiede. Je nachdem, in welcher Region sie zu Hause sind, lernen die Jungen die „Sprache" ihrer dort lebenden Gesangsvorbilder. So singen Buchfinken in verschiedenen Regionen ganz unterschiedlich. Die Gesänge unterscheiden sich in ihrer Länge und vor allem in ihrem Schlussteil, dem sogenannten Endschnörkel. Das kannst Du gut an bestimmten Merkversen ablesen, mit denen Vogelfreunde Buchfinkengesänge aus unterschiedlichen Gegenden umschrieben haben. Etwa „Bin, bin, bin ich nicht ein schöner Buchfink?" oder „Siehste nicht, der Fritz sitzt hier?". Warum aber gibt es bei manchen Singvögeln Dialekte? Ornithologen, also Vogelkundler, nehmen an, dass vor allem solche Männchen eine gute Chance bei den Weibchen haben, die im regionaltypischen Dialekt singen.

Für den Buchfinkengesang gibt es verschiedene Merkverse

Speisezettel der Singvögel

Die meisten Singvögel ernähren sich sehr vielseitig und verbringen einen Großteil ihres Lebens mit der Nahrungssuche. Auf dem Speisezettel steht sowohl tierische als auch pflanzliche Kost. Die Nahrung liefert den Singvögeln die notwendige Lebensenergie und wichtige Baustoffe wie Eiweiße, Fette und Kohlenhydrate, die sie für ihr Wachstum benötigen.

Schauen wir uns einmal an, was Kohl- und Blaumeisen fressen und wie sie an ihre Nahrung gelangen. Vielleicht hast Du schon mal zugesehen, wenn die flinken Turner mit dem Rücken nach unten an einem Zweig hängen. Sie suchen unermüdlich nach Insekten und Spinnen. Das sieht sehr putzig aus. Vogelkundler haben einmal errechnet, dass eine Kohlmeisenfamilie im Jahr rund fünfundsiebzig Kilogramm der kleinen Krabbeltiere vertilgt. Das entspricht dem Gewicht eines erwachsenen Menschen!

Kopfüber hängt diese Blaumeise an den leckeren roten Beeren

Insekten sind die Lieblingsnahrung der Kohlmeise

Am Boden sucht die Blaumeise nach Fressbarem

Auf dem Speisezettel der Kohlmeise stehen auch Distelsamen

Im Herbst und Winter, wenn es nicht mehr ausreichend tierische Kost gibt, halten sich die Meisen an Beeren und verschiedene Sämereien. Kohlmeisen stecken manchmal Bucheckern und andere Nüsse in Baumritzen, um sie dort mit dem Schnabel zu öffnen, oder sie klemmen die Nahrung zur weiteren Bearbeitung zwischen ihre Füße. Gern stöbern die beiden Meisenarten im Bodenlaub nach Spinnen und heruntergefallenen Samen.

Kohl- und Blaumeisen sind nicht wählerisch, wenn es um Nahrung geht. Sie fressen sogar Pommes frites, Wurst- und Käsereste oder suchen nach Brot- und Kuchenkrümeln auf Balkon und Terrasse. Manchmal werden diese kleinen Singvögel so zutraulich, dass sie aus der Hand fressen. Dass Meisen klug und sehr geschickt sind, zeigt sich am Beispiel britischer Kohl-

Diese Kohlmeise ist gar nicht scheu und frisst aus der Hand

Mit seinem kräftigen Schnabel knackt der Kernbeißer Sonnenblumen- und sogar Kirschkerne

und Blaumeisen, die in den 1930er-Jahren lebten. Sie hatten es gelernt, Löcher in Foliendeckel von Milchflaschen zu picken, die frühmorgens vor den Türen noch schlafender Städter abgestellt worden waren. Auf diese Weise gelangten die kecken Vögel an den begehrten Rahm.

    Was ein Singvogel gerne frisst, kannst Du an seinem Schnabel erkennen. So besitzt der Kernbeißer einen kurzen und sehr kräftigen Schnabel. Damit knackt er problemlos Kirsch- und Pflaumenkerne. Der Schnabel des Rotkehlchens ist dünn und fein. Er ist bestens zum Verzehr von Weichfutter wie Insekten oder Beeren geeignet. Die Amsel hat einen etwas längeren Schnabel, mit dem sie gut im Boden herumstochern kann, um einen fetten Regenwurm herauszuziehen. An seiner Spitze greift der obere Schnabel ein wenig über den unteren. Auf diese Weise hält die Amsel ihre glitschige Beute gut fest.

Der Schnabel als Werkzeug
Einen außergewöhnlichen Schnabel besitzt der Fichtenkreuzschnabel. Seine obere und untere Schnabelhälfte überkreuzen sich an ihren Spitzen. Dieser Singvogel nutzt seinen Schnabel als Hebel, mit dem er die eng anliegenden Schuppen eines Fichtenzapfens aufbiegt, um an die nährstoffreichen Samen zu gelangen.

Der bunte Stieglitz hat einen Körnerfresser-Schnabel

Mit seinem zarten Insektenfresser-Schnabel hat es der Zilpzalp auf die kleinen Krabbeltiere abgesehen

Die Drosselschmiede

Um an das begehrte Schneckenfleisch zu gelangen, muss die Singdrossel erst einmal das Schneckenhaus aufbrechen. Doch wie macht sie das? Sie sucht sich einen Stein und schlägt die Schnecke so lange dagegen, bis das Schneckenhaus zerbricht. Nun kann sie das weiche Schneckenfleisch verzehren. Wie ein Schmied mit dem Hammer auf den Amboss schlägt, schlägt die Singdrossel die Gehäuseschnecke auf den Stein, nutzt ihn also als ein Werkzeug. Daher kommt der Name Drosselschmiede für solche Stellen, an denen Du oft viele Überreste von Schnecken finden kannst, die eine Singdrossel verzehrt hat.

Arten, die gern Sämereien fressen, besitzen einen kräftigen, kegelförmigen Körnerfresser-Schnabel. Dazu gehören beispielsweise der Stieglitz und andere Finkenvögel. Ihr Schnabel eignet sich hervorragend zum Knacken und Schälen von Samenkörnern. Singvögel, die am liebsten Insekten fressen, etwa der Zilpzalp oder das Sommergoldhähnchen, haben einen zarten, pinzettenartigen Insektenfresser-Schnabel. Den nutzen sie als Werkzeug, um damit Blattläuse und andere kleine Insekten von Zweigen und Blättern zu picken.

An der Drosselschmiede bricht die Singdrossel die Schneckengehäuse auf, um an das weiche Fleisch zu kommen

Wie die Kohl- und Blaumeisen sind allerdings die meisten anderen Singvogelarten Allesfresser. Sie nehmen das, was sich ihnen bietet.
Die Singdrossel beispielsweise sucht am Boden nach Würmern, Spinnen und Insekten, ist aber auch in Sträuchern und Bäumen zu finden, wo sie Vogelbeeren und andere Früchte frisst. Sie hat außerdem einen ganz besonderen Leckerbissen auf ihrem Speisezettel: Gehäuseschnecken, also Schnecken, die ein Schneckenhaus tragen.

Rabenvögel sind besonders kluge Singvögel. Sie „wissen" genau, wie sie an ihre Nahrung gelangen können. So werfen manche unserer Krähen Walnüsse aus einigen Metern Höhe auf die Straße, um die Schalen zu knacken. Oder sie legen die hartschaligen Früchte einfach auf die Fahrbahn und warten so lange, bis ein Auto darüber fährt und die Nüsse aufbricht. Über diese schlauen Tiere habe ich übrigens einen eigenen spannenden Band in der „Reihe mit der Eule" geschrieben.

Im Herbst ernährt sich die Amsel vorwiegend von Früchten

Dieses Amselweibchen hat einen leckeren Regenwurm gefangen

Familienleben der Singvögel

Im Frühling singen die Singvögel um die Wette. Stare pfeifen, Amseln flöten, Zaunkönige schmettern und Lerchen tirilieren. Die Sänger sind Männchen, die mit ihren Stimmen um die Gunst der Weibchen werben. Und manche sind sehr fleißig. So singt ein Buchfink etwa 2.000 Mal am Tag! Hat sich ein Paar gefunden, kommt es nicht selten vor, dass das Männchen seine Partnerin einige Zeit füttert. Dieses sogenannte Balzfüttern verstärkt den Zusammenhalt der beiden Vögel.

Elstern und andere Rabenvögel bleiben sich ein Leben lang treu: Sie sind monogam, wie der Biologe sagt. Viele Singvogelarten nehmen es mit der Treue allerdings nicht so genau.

Die Nester der Singvögel sehen ganz unterschiedlich aus und befinden sich an verschiedenen Standorten. So verkleidet die Singdrossel das Innere ihres napfförmigen Nestes mit einer Schicht aus feuchter Erde und Lehm. Die Beutelmeise baut sich aus Pappel- und Weidensamen ein Hängenest, das wie ein Beutel aussieht. Die Nester des Zaunkönigs sind kugelförmig und haben ein seitliches Schlupfloch.

Als Höhlenbrüter nimmt die Dohle gern Nistkästen an

Bei der Balz füttert das Dohlen-Männchen seine Partnerin

Freibrüter bauen ihr Nest entweder auf den Boden, wie etwa die Feldlerche und der Waldlaubsänger, oder sie errichten ihr Nest im Geäst von Büschen und Bäumen, wie beispielsweise die Amsel und der Buchfink. Die Nester von Höhlenbrütern, etwa Staren, Dohlen und Meisen, finden sich in Baumhöhlen, aber auch in künstlichen Nistkästen.

Vielleicht hast Du ja mal einem Singvogel beim Nestbauen zugeschaut. So sammelt die Mehlschwalbe Ton, Lehm oder Schlamm aus Pfützen und baut daraus ihr Mörtelnest an der Außenwand eines Hauses. Sie braucht etwa zehn Tage, bis ihre Vogelwohnung fertig ist.

Mit schmetterndem Gesang wirbt der Zaunkönig um ein Weibchen

Die Beutelmeise baut sich aus Pflanzensamen ein Hängenest

Schon früh am Morgen beginnt die Singdrossel zu singen

Die Eier der Feldlerche sind lebhaft gezeichnet

Eier der Singdrossel im napfförmigen Nest. Es ist mit Erde und Lehm ausgekleidet.

Hilfloses Amselküken?

Die Jungen mancher Singvogelarten verlassen bereits das Nest, obwohl ihr Federkleid noch nicht voll entwickelt ist. Oft sind ihre Schwanzfedern kürzer als die ihrer Eltern. Die Jungvögel werden aber noch weiter gefüttert. Wenn Du mal eine junge Amsel scheinbar hilflos am Boden sitzen siehst, lass sie dort. Sie braucht keine Hilfe, denn bald kommen ihre Eltern und füttern sie mit einem leckeren Regenwurm.

Eine Mehlschwalbe sammelt Schlamm, um daraus ihr Nest zu bauen

Junge Kohlmeisen betteln im Nistkasten um Futter

Immer wieder sind Singvögel für Überraschungen gut, denn sie bauen ihre Nester manchmal an recht ungewöhnlichen Stellen, beispielsweise an einer Verkehrsampel.

Ist das Nest fertig, beginnen die Weibchen mit der Eiablage. Meist legen sie nur ein Ei am Tag. Vögel legen deshalb Eier und bringen keine Jungen zur Welt wie die Säugetiere, weil sie sonst zu schwer wären und nicht mehr fliegen könnten. Die Größe des Geleges und auch das Aussehen der Eier sind je nach Vogelart unterschiedlich. Die Amsel legt vier bis sechs Eier. Im Nest einer Kohlmeise können schon mal acht und mehr Eier liegen. Die Eier der Singdrossel sind einfarbig himmelblau, während die Eier der Feldlerche und des Rotkehlchens eine lebhafte Zeichnung aufweisen.

Nach etwa zwei Wochen schlüpfen die Jungen. Sie haben noch keine Federn und können auch noch nicht sehen. Es sind sogenannte Nesthocker. Ihre Eltern müssen sie noch einige Zeit wärmen und füttern. Und die Küken haben einen Riesenhunger! Sie rufen mit weit aufgerissenem Schnabel nach ihren Eltern und betteln um Futter. Die Altvögel leisten Bewundernswertes: Am Tag fliegen sie hunderte Male zum Nest, um ihren Nachwuchs mit Nahrung zu versorgen.

Nisten kann man überall!

Singvögel sind sehr einfallsreich, wenn es darum geht, einen Platz für ihr Nest zu finden. So brüten Meisen in Briefkästen oder Rotkehlchen in Gießkannen und alten Schuhen. Eine besonders findige Amsel zog ihre Jungen in einem verschlossenen Gartenhäuschen auf. Um ihren Nachwuchs zu füttern, flog sie durch ein Ofenrohr ein und aus. Noch ein Beispiel: Ein Hausrotschwanz-Paar zog seine Jungen auf einem Lastkraftwagen groß. Auch wenn das Fahrzeug unterwegs war, blieb das brütende Weibchen trotz Gerüttel, Lärm und Gestank unbeirrt auf den Eiern sitzen!

Weil immer mehr feuchte Laubwälder vernichtet werden, hat der Pirol vielerorts seinen Lebensraum verloren

Gefährdung und Schutz der Sänger

Singvögel erfreuen uns nicht nur mit ihren schönen Stimmen, sie erfüllen auch vielfältige Aufgaben in der Natur. So sorgen Meisen und andere Insektenfresser dafür, dass sich Blattläuse, Mücken und weitere Insekten nicht zu stark vermehren. Beerenfresser wie Drosseln leisten einen wichtigen Beitrag zur Verbreitung von Pflanzen. Sie scheiden nämlich die in den Früchten enthaltenen unverdaulichen Samen wieder aus, aus denen sich dann später neue Pflanzen entwickeln können. Doch nicht nur, weil sie schön singen und wichtige Aufgaben im Naturhaushalt erfüllen, sind die Singvögel so wertvoll. Mit ihrer Vielfalt bereichern sie unsere Umwelt, und sie haben natürlich wie alle anderen Lebewesen auch ihr ureigenes Existenzrecht. Stelle Dir nur einmal vor, es gäbe keine Singvögel mehr. Wäre das nicht traurig?

Die Blaumeise frisst auch viele Schadinsekten

Verschwinden Laubwälder, finden Waldvögel wie der Waldlaubsänger keine Nistplätze mehr

Der Teichrohrsänger brütet im Schilf am Ufer von Seen und Teichen

Doch Singvögel haben es nicht leicht mit uns. Sie leiden vor allem darunter, dass wir Menschen ihre Lebensräume so verändern, dass sie dort nicht mehr überleben können. Wenn Feuchtgebiete trockengelegt werden, haben dort siedelnde Arten wie der Teichrohrsänger schlechte Karten. Wenn Laubwälder in langweilige Fichten-Monokulturen umgewandelt werden, finden Waldvögel wie der Waldlaubsänger keine Brutmöglichkeit mehr. Auch die intensivierte Landwirtschaft macht vielen Singvögeln das Leben schwer. So nehmen die Bestände der Feldlerche rapide ab. Sie baut ihr Nest auf dem Boden von Wiesen, Feldern und Äckern. Durch häufiges Mähen und durch den Einsatz großer landwirtschaftlicher Maschinen wird sie immer wieder beim Brüten gestört und oft sogar getötet. Selbst bekannte und häufige Arten wie der Haussperling werden mancherorts immer seltener.

Seltener Haussperling

In St. Georg, einem Stadtteil von Hamburg, sank die Zahl der Haussperlinge von 1983 bis 1993 um rund sechzig Prozent! Von einst jeweils 100 Sperlingen blieben also nur noch 40 übrig. Ein Grund: Moderne Bürogebäude mit glatten Fassaden bieten den Vögeln kaum noch Nischen, um dort zu brüten. Außerdem fehlen Insekten, die für die Ernährung des Nachwuchses notwendig sind. Das liegt unter anderem daran, dass der Boden immer mehr versiegelt, also zugebaut oder gepflastert wird, und dass es kaum noch Grünflächen gibt. Doch wo keine Pflanzen sind, finden Insekten nichts zu fressen, und sie fehlen dann den Jungspatzen als Nahrung.

Eine Dorngrasmücke hat sich im Netz verfangen

Ein Großteil der Sänger sind Zugvögel. Ihnen drohen nicht nur bei uns Gefahren, sondern auch während ihrer Wanderungen und ihres Aufenthalts in den Überwinterungsgebieten. Auf dem Weg in den Süden fallen jedes Jahr viele Millionen Singvögel Jägern in Ländern rund um das Mittelmeer zum Opfer. Die armen Tiere werden geschossen, mit Netzen gefangen, oder sie bleiben an Ästen kleben, die mit Leim bestrichen wurden. Nicht wenige Singvögel landen auf den Tellern von Restaurants, wo sie von Einheimischen und Touristen verspeist werden.

Um die Sänger vor dem Abschuss zu bewahren, hat der Naturschutzbund Deutschland (NABU) Vogelschutzcamps auf der Mittelmeerinsel Malta eingerichtet. Dort sammeln ehrenamtliche Mitarbeiter Fangnetze und andere Vogelfallen ein und versuchen, die Jäger vom Abschuss der wandernden Singvögel abzuhalten. Aber auch wenn sie ihr Winterquartier in Afrika erreicht haben, sind die Singvögel keinesfalls sicher. Der insektenfressende Waldvogel Pirol beispielsweise leidet unter der fortschreitenden Abholzung der Regenwälder und dem intensiven Einsatz von Insektenschutzmitteln.

Es macht viel Freude, Singvögel am Futterhäuschen zu beobachten

Vogelfreundlicher Garten

Ausreichend Nistmöglichkeiten und Nahrung finden unsere Singvögel wie dieser Seidenschwanz in einheimischen Sträuchern und Bäumen wie Holunder, Hartriegel, Faulbaum und Salweide. Rhododendron, Gingko und andere exotische Ziergewächse dagegen bieten kaum Nahrung. Wie vogelfreundlich einheimische Pflanzen sind, kannst Du am Beispiel von Vogelbeere und Weißdorn sehen: Über fünfzig Singvogelarten fressen die roten Früchte der Vogelbeere! Da im Weißdorn sehr viele Insekten leben, ist dieser Strauch ein Paradies für Insektenfresser. Damit sich unsere gefiederten Freunde nicht vergiften, solltet Ihr im vogelfreundlichen Garten natürlich darauf verzichten, Pflanzenschutzmittel und Insektizide zu benutzen.

Mit einem Nistkasten kannst Du Meisen und anderen Höhlenbrütern helfen

Es gibt viele Möglichkeiten, Singvögeln zu helfen. Höhlenbrüter wie Meisen ziehen gern in Nistkästen. Die kannst Du im Baumarkt kaufen oder selbst bauen. Wenn Ihr einen eigenen Garten habt, lässt sich dieser so umgestalten, dass sich die Singvögel dort besonders wohl fühlen.

Katzen- und Hundebesitzer können auch etwas für die Singvögel tun. Sie sollten ihre Haustiere zumindest während der Brutzeit im April und Mai nicht unbeaufsichtigt ins Freie lassen. Denn sonst könnten Katzen die Nester plündern und Hunde bodennah brütende Vögel wie Rotkehlchen und Zaunkönig gefährden. Nicht nur im Winter, sondern das ganze Jahr über kannst Du die Singvögel füttern. Es macht ja auch Spaß, den Turnereien der Meisen an den Meisenringen und den regen Betrieb von Buchfinken, Gimpeln und anderen hungrigen Sängern am Futterhäuschen aus der Nähe zu beobachten.

Singvögel beobachten

Ein Rotkehlchen im Park, ein Haussperling auf dem Schulhof oder eine Nachtigall in einem Naturschutzgebiet: Singvögel kannst Du überall beobachten. Denke aber immer daran, die Sänger nicht zu stören. Wenn Du zu dicht an ihr Nest gehst, kann es durchaus sein, dass die Vogeleltern ihre Brut verlassen. Bleibe auf den Wegen, denn nicht nur die Singvögel, sondern auch die anderen Tiere und natürlich ebenso die Pflanzen brauchen ihre Ruhe.

Nicht immer kannst Du einen Singvogel leicht beobachten. Sitzt er beispielsweise oben in einem Baum, hilft Dir ein Fernglas.

Wenn Du den Namen des Singvogels nicht kennst, den Du gerade beobachtest, merke Dir möglichst viele Einzelheiten wie etwa Größe, Färbung und sein Verhalten. Schau dann in ein Bestimmungsbuch. Darin sind die verschiedenen Arten abgebildet und genau beschrieben. Neben einem handlichen Fernglas und einem Bestimmungsbuch, das in Deine Tasche passt, leistet auch ein kleines Notizheft gute Dienste bei der Singvogelbeobachtung. Darin vermerkst Du stichwortartig möglichst genau, was Du siehst und hörst. So vergisst

Ein Fernglas hilft beim Beobachten

Mit einem Fernglas kannst Du auch weiter entfernte Singvögel beobachten. Es sollte nicht zu schwer sein, denn Du musst es ja immer bei Dir tragen. Gut zur Vogelbeobachtung geeignet ist ein Glas mit acht- bis zehnfacher Vergrößerung. Damit siehst Du auch Einzelheiten, wie etwa die Färbung der Schwanzfedern oder des Schnabels. Schau nie mit dem Fernglas direkt in die Sonne, denn das ist sehr gefährlich für Deine Augen!

Der Zilpzalp (Mitte) singt, wie er heißt, nämlich „Zilpzalp, Zilpzalp"

Wenn Du immer wieder genau zuhörst, kannst Du Dir den Gesang des Buchfinken bald einprägen

Du bei Deiner späteren Bestimmung keine wichtigen Einzelheiten. Hast Du Rufe oder Gesänge gehört, können Dir Vogelstimmen-CDs oder -DVDs helfen, den unbekannten Sänger zu identifizieren.

Der Leiter einer Vogelstimmen-Exkursion könnte den Teilnehmern seinen Höreindruck in einem Park etwa mit folgenden Worten vermitteln: „Hier ruft eine Kohlmeise, dort flötet eine Amsel und weiter hinten schmettert ein Zaunkönig". „Kann ich das auch lernen?", fragst Du Dich. Natürlich geht das nicht von heute auf morgen. Aber wenn Du folgende Regeln beherzigst, kommst Du leichter zum Ziel.

Im zeitigen Frühjahr beginnen

Fange früh im Jahr mit dem Lernen der Vogelstimmen an. Am besten im Februar oder März. Dann sind die meisten Zugvögel noch nicht zurück, und Du kannst Dich auf wenige Arten wie etwa Kohlmeise, Amsel oder Rotkehlchen konzentrieren. Gehe dazu in einen Garten, Park oder einen anderen überschaubaren Lebensraum und höre den Sängern immer wieder aufmerksam zu. Am liebsten singen sie am Morgen. Einige Arten wie etwa Rotkehlchen und Zaunkönig fangen

Wenn Du ein Fernglas hast, kannst Du die Amselküken gut beobachten

Schon im zeitigen Frühjahr singt die Kohlmeise ihr typisches „Zizibäh"

Ein „Spätaufsteher": Der Grünfink singt häufig erst nach Sonnenaufgang

Um das zarte „Klingeln" der Blaumeise zu hören, musst Du ganz still sein

schon vor Sonnenaufgang mit ihrem Gesang an, andere, etwa Grünfink und Star, beginnen meist erst nach Sonnenaufgang zu singen. Da die Bäume im zeitigen Frühjahr noch keine Blätter haben, hörst Du die Vögel nicht nur, sondern siehst sie auch und kannst im Bestimmungsbuch nachsehen, wie sie heißen.

Vogelkundliche Wanderungen

Wie Du sicher feststellen wirst, ist das richtige Bestimmen von Singvögeln nicht ganz einfach und erfordert viel Übung. Damit das rasch besser klappt, lohnt es sich, an vogelkundlichen Wanderungen teilzunehmen, die beispielsweise der NABU regelmäßig im Frühjahr anbietet. Die erfahrenen Ornithologen können Dir dann sicher bei der Bestimmung helfen und noch weitere hilfreiche Tipps für Deine zukünftigen Beobachtungen liefern.

Das Rotkehlchen ist nicht scheu und deshalb leicht zu beobachten

Üben, üben, üben

Wenn Du immer wieder genau zuhörst, wirst Du Dir mit der Zeit auch einen komplizierter aufgebauten Gesang wie eine Buchfinkenstrophe so gut einprägen, dass Du später auch die Gesänge anderer Buchfinken erkennst. Obwohl jedes Buchfinkenmännchen zwei bis sechs verschiedene Strophen beherrscht, kannst Du den Sänger an seinem typischen „Sound", also am Tempo des Gesangs, an der Höhe der Töne und an der Klangfarbe als Buchfink bestimmen.

Gesang mit Wörtern umschreiben

Es hilft Dir, wenn Du den gehörten Gesang lautmalerisch umschreibst. Einige Vogelnamen bringen derartige Umschreibungen bereits mit: Krähe, Zilpzalp, Fink. In anderen Fällen gibt es traditionelle „Eselsbrücken" in Form von Merksprüchen. So haben sich für den Gesang des Buchfinken Merkverse wie „Ich, ich, ich schreib' an die Regierung" oder „Ha, ha, hast Du meine Frau nicht gesehen?" eingebürgert.

Wenn Du regelmäßig an vogelkundlichen Wanderungen teilnimmst und Dir die verschiedenen Gesänge und Laute einprägst, wirst Du vielleicht eines Tages Deinen Vogelstimmen-Experten freundlich darauf hinweisen können, dass er bei der Aufzählung der Stimmen zwar das „Zizibäh" der Kohlmeise erwähnt hat, aber leider das ganz zarte „Klingeln" der Blaumeise im Hintergrund vergaß.

„Kräh, kräh", ruft die Rabenkrähe

Singvögel im Porträt

Bei uns brüten achtzig Singvogelarten. Zwölf davon möchte ich Dir jetzt etwas näher vorstellen: Amsel, Buchfink, Eichelhäher, Feldlerche, Gimpel, Haussperling, Kohlmeise, Nachtigall, Rauchschwalbe, Rotkehlchen, Star und Zaunkönig. Woran erkennst Du sie? Wo kannst Du sie beobachten? Wie leben sie?

Das Amselpaar hat es auf die leckeren Beeren im Garten abgesehen

Gut im Efeu versteckt, füttert ein Amselmännchen seinen Nachwuchs

Amsel

Ausgewachsene Amselmännchen sind schwarz und haben einen gelben Schnabel. Die Weibchen sind dunkelbraun. Der Gesang der Amsel ist weich und sehr melodisch. Über hundert verschiedene Strophen beherrscht sie. Gern singt die Amsel auf einer Baumspitze oder einem Hausdach.

Früher lebte die Amsel nur im Wald. Später besiedelte sie Dörfer und Städte. Amseln sind sehr häufig. In Hamburg leben heute über 70.000 Amselpaare! Du kannst Amseln leicht beobachten. Gern halten sie sich hüpfend am Boden auf, um dort nach Regenwürmern zu suchen. Im Herbst und Winter sitzen sie oft in Sträuchern und Bäumen. Dort fressen sie Beeren und andere Früchte.

Da die Amsel sehr anpassungsfähig ist, zeigt sie sich bei der Wahl ihrer Nistplätze nicht wählerisch. Als ehemaliger Waldvogel brütet sie natürlich am liebsten in kleinen Sträuchern und Bäumen. Sie hat aber auch nichts dagegen, ihren Nachwuchs im dichten Efeu an einer Hauswand, im Blumenkasten auf dem Balkon oder in einem verrosteten Eimer zu füttern. In der Stadt brüten Amseln drei- bis viermal im Jahr. Manchmal nehmen sie auch achtlos weggeworfenes Papier als zusätzliches Nistmaterial.

Amseln imitieren Menschenpfiffe

Amseln imitieren manchmal Menschenpfiffe, ahmen diese also nach. Dazu folgende Geschichte: Ein Vater pflegte seine im Garten spielenden Kinder herbeizupfeifen, wenn er etwas von ihnen wollte. Eines Tages suchten sie allerdings vergeblich nach ihm: Eine Amsel hatte den Pfiff perfekt imitiert!

Buchfink

Der Buchfink ist weit verbreitet. Die Brust des auffallend schönen Männchens leuchtet rostrot, sein Kopf hat eine blaugraue Farbe. Ganz anders sieht das Weibchen aus: Sein unscheinbares Gefieder ähnelt dem eines Spatzenweibchens. Der klare, laut geschmetterte Gesang des Buchfinken ist oft schon Ende Februar zu hören. Typisch ist auch sein Ruf „Pink". Von diesem Laut kommt der Name „Fink".

Buchfinken gehören zu unseren häufigsten Brutvögeln

Ein toller Sänger: Laut schmettert der Buchfink seine Strophen

Gepolstertes Nest

Sein halbkugeliges, gut getarntes Nest baut das Buchfinkenweibchen meist in eine Astgabel weiter oben im Baum. Es besteht aus Wurzeln, Moosen und Flechten. Innen ist es mit Haaren und Federn ausgepolstert.

Überall, wo Bäume wachsen, ist auch der Buchfink zu Hause. Also nicht nur auf dem Land, sondern auch in den Parks und Gärten der Städte. Wenn ein kleiner Vogel in wellenförmigem Flug über Dich hinwegfliegt und dabei ein leises „Djüb djüb" hören lässt, dann ist das ein Buchfink. Beim Singen sitzt er gern im Geäst eines Baumes. Wenn er sich was zu fressen sucht, trippelt der Buchfink kopfnickend und mit raschen Schritten auf dem Boden. Dann kannst Du ihn gut beobachten.

Buchfinken besitzen zwar einen kräftigen Körnerfresser-Schnabel, ernähren sich aber in der warmen Jahreszeit überwiegend von Insekten. Ihre Jungen füttern sie ausschließlich mit dieser eiweißreichen Kost. Im Herbst und Winter dagegen stehen Sämereien und Beeren auf dem Speisezettel.

Ein Buchfinkenpaar am Gartenteich

Eichelhäher

Im Gegensatz zu anderen Rabenvögeln trägt der Eichelhäher ein ziemlich buntes Federkleid. Besonders auffällig sind seine blauschwarz gebänderten Flügelfedern, die Du schon von weitem sehen kannst. Im flatternden Flug zeigt der Eichelhäher seinen leuchtend weißen Bürzel. So bezeichnen Vogelkundler die Federn zwischen Rücken und Schwanz.

Der Eichelhäher liebt ganz besonders Laubwälder. Auch in der Stadt ist er heimisch geworden. Dort findest Du ihn in Parks, großen Gärten und auf Friedhöfen. Willst Du Dich ihm nähern, fliegt er schnell fort, denn der Eichelhäher ist sehr scheu. Er frisst Tiere und Pflanzen – im Frühjahr und Sommer überwiegt tierische Kost, im Herbst und Winter pflanzliche. Gern sucht der Eichelhäher in den Baumkronen für sich und seinen Nachwuchs nach Insekten wie beispielsweise Schmetterlingen und deren Raupen. Weiter stehen Eier und Jungvögel auf der Nahrungsliste. Auch am Boden ist der Eichelhäher auf Beutesuche. Hüpfend jagt er nach Eidechsen, Mäusen und anderen Tieren. In der kühleren Jahreszeit frisst er Eicheln und andere Früchte. Er sammelt sie auch und legt im Wald viele Verstecke an. So muss er nie hungern. Da er manche Stellen vergisst, können aus den Früchten neue Bäume wachsen. Der Eichelhäher ist also sehr nützlich, sorgt er doch für eine Verjüngung und Ausbreitung des Waldes.

Polizist des Waldes

Der bekannteste Ruf des Eichelhähers ist das Rätschen. Dieser laute Warnruf erklingt, wenn ein Feind in der Nähe ist, etwa ein Marder oder ein Uhu. Da selbst andere Vogelarten diesen Warnruf verstehen und in Deckung gehen, nennt man den Eichelhäher auch „Polizist des Waldes".

Der Eichelhäher frisst gern Eicheln, daher kommt sein Name

Hier siehst Du gut den leuchtend weißen Bürzel des Eichelhähers

Ein bunter Rabenvogel: der Eichelhäher

Die Feldlerche hat Futter für ihre Jungen im Schnabel

Feldlerche

Die Feldlerche ist unscheinbar graubraun gefärbt. Als Bodenbrüter muss sie ja auch gut getarnt sein, denn sonst würde sie leicht von einem Greifvogel oder einem anderen Fressfeind entdeckt. Bemerkbar macht sich die Feldlerche durch ihren klangschönen, ausdauernden und weithin hörbaren Gesang. Ihr typisches „Tirilieren" trägt sie im Flug vor. Dabei steigt die Feldlerche höher und höher, bis über hundert Meter. Schließlich kannst Du sie nur noch als kleinen Punkt am Himmel erkennen. Nach einigen Minuten fliegt die Feldlerche, immer noch singend, wieder nach unten, verstummt dann und fällt wie ein Stein in ihr Nest.

„Wir haben Hunger", rufen die Lerchenküken im Bodennest

Weithin hörbar ist der klangschöne Fluggesang der Feldlerche

Die Feldlerche liebt offenes Gelände wie Wiesen, Felder, Äcker, Moore und Heiden. Dort brütet sie in einer selbst ausgescharrten und mit Grashalmen gepolsterten Bodenmulde. Hier findet sie auch ihre Nahrung: Bodeninsekten, Spinnen, Schnecken und Sämereien.

Als Bodenbrüter ist die Feldlerche durch die fast überall intensiv betriebene Landwirtschaft stark gefährdet. Von 1980 bis 2005 hat der Bestand in Deutschland mehr als dreißig Prozent abgenommen! Eine Hilfe für die Feldlerche wäre, wenn die Landwirte auf übertriebenen Einsatz von Insekten- und Pflanzenschutzmitteln verzichten würden. Eine weitere wäre es, sogenannte Lerchenfenster zu schaffen. Dabei wird auf mehreren kleinen Flächen auf dem Feld kein Wintergetreide ausgesät. Dort kann die Feldlerche dann später ungehindert durch dicht stehende hohe Getreidehalme zum Nest fliegen, das sich ganz in der Nähe des Lerchenfensters befindet.

Am Boden ist die Feldlerche durch ihre unscheinbare Färbung gut getarnt

Ein Leben lang bleibt das Gimpelpaar zusammen

Gimpel

Der Gimpel, auch Dompfaff genannt, ist ein hübscher Vogel, besonders das Männchen: Es hat eine leuchtend rote Unterseite. Beim Weibchen ist sie rötlich grau. Im Flug fällt der weiße Bürzel auf. Der Ruf des Gimpels ist ein melancholisches „Diü".

Lebensraum des Gimpels sind Nadel- und Mischwälder, aber auch Parks, Friedhöfe und Gärten. Er ernährt sich vorwiegend vegetarisch.

Simpler Gimpel?

Der Name Gimpel soll von „simpel" kommen. Früher glaubten manche Menschen nämlich, dieser Singvogel sei ungeschickt und dumm. Tatsächlich aber ist der Gimpel sehr lernbegabt. Gern wurde er als Heimvogel gehalten, was heute aber verboten ist. Man pfiff ihm einfache Melodien vor, die er bald nachahmen konnte.

Im Winter und Frühjahr frisst der Gimpel gern die jungen Knospen von Sträuchern und Bäumen. Deshalb macht sich dieser schöne Sänger bei manchen Gartenbesitzern nicht gerade beliebt. Später im Jahr ernährt sich der Gimpel von Beeren und Sämereien.

Ein Gimpelpaar bleibt sich das Leben lang treu, ist also monogam. Während der Brutzeit ist der Gimpel sehr scheu und lässt sich nicht so leicht beobachten. Im Herbst und Winter hast Du bessere Chancen. Dann schließen sich die Gimpel manchmal zu kleineren Gruppen zusammen und fallen nun durch ihre weich geflöteten Rufe auf.

Gimpelküken bekommen Insekten, Schnecken und Sämereien zu fressen

Im Winterhalbjahr gehen Gimpel gern gemeinsam auf Nahrungssuche

Haussperlings-männchen mit Futter im Schnabel

Dieser Haussperling hat Nistmaterial zum Bau seines Nestes gesammelt

Haussperling

Der Haussperling ist in vielen Ländern der Erde zu Hause. Das Männchen hat eine schwarze Kehle und einen grauen Scheitel, das Weibchen ist unscheinbar bräunlich gefärbt. Obwohl der Haussperling zu den Singvögeln gehört, ist sein Gesang recht eintönig. Er beschränkt sich auf ein wiederholtes Tschilpen. Der Haussperling ist ein Kulturfolger, hat sich also eng an den Menschen angeschlossen. In Dörfern und Städten kannst Du ihn beobachten. Dass der Haussperling so erfolgreich ist, liegt an seiner großen Anpassungsfähigkeit. Er baut sein Nest gern an berankten Wänden oder in Höhlungen und Nischen von Gebäuden. Er brütet aber auch als Untermieter in Greifvogelnestern oder in Starenkästen. Sogar in von Menschen wimmelnden Ankunftshallen der Flughäfen und in lärmenden Fabriken finden sich manchmal Nester dieses Kulturfolgers.

Auch in Bezug auf seine Nahrung ist der Haussperling überhaupt nicht wählerisch. Er frisst, was sich ihm bietet. Das können Samen, Knospen und Früchte, aber auch Kekse, Pommes frites und Wurstreste sein. Während seiner Brutzeit fängt der Haussperling viele Insekten, um seine Jungen damit zu füttern.

Obwohl man den Spatzen, wie diese Vögel auch genannt werden, ein gehöriges Maß an Frechheit nachsagt, sind sie doch scheue und misstrauische Vögel geblieben. Willst Du Dich ihnen zu stark nähern, fliegen sie schnell davon!

Ein erfrischendes Bad tut gut

Im Schwarm fühlen sich Haussperlinge besonders wohl

Ein breiter, schwarzer Bauchstreifen: Daran erkennst Du das Kohlmeisenmännchen

Kohlmeise

Die Kohlmeise hat einen schwarzen Kopf mit weißen Wangen. Ihre gelbe Unterseite besitzt einen charakteristischen schwarzen Bauchstreifen. Der ist beim Männchen länger und breiter als beim Weibchen.

Schon im zeitigen Frühjahr kannst Du den Gesang der Kohlmeise hören, den Vogelfreunde mit „Zizibe-zizibe, die Sonn' vertreibt den letzten Schnee" lautmalerisch umschrieben haben. Die Kohlmeise hat auch verschiedene andere Laute auf Lager.

Sie lebt im Wald, aber auch in der Stadt. Dort profitiert der Höhlenbrüter vom reichhaltigen Angebot an Nistkästen in den Gärten und Parks. Die Kohlmeise brütet manchmal sogar in Hausbriefkästen und unter Dachziegeln. Ja, selbst im Türschloss eines alten Fabriktores fand ein Kohlmeisenpaar ein Zuhause für sich und seinen Nachwuchs.

Hat sie Junge zu versorgen, ist die Kohlmeise sehr fleißig. Fast jede Minute kommen Weibchen und Männchen angeflogen und bringen Insekten und Spinnen. Da Kohlmeisen unzählige Krabbeltiere von den Pflanzen sammeln, leisten sie einen wichtigen Beitrag bei der biologischen Schädlingsbekämpfung. Auf Insektengifte kann der Gartenbesitzer also getrost verzichten.

Zischen wie eine Schlange

Wenn Du Dich unvorsichtig einem Meisenkasten näherst, in dem gerade ein Kohlmeisenweibchen auf den Eiern sitzt, kannst Du ein Zischen hören, das an eine Schlange erinnert. Mit diesem eindrucksvollen Laut verteidigt die brütende Meise mutig ihren Nachwuchs.

Sämereien stehen auch auf dem Speisezettel der Kohlmeise

Öfter mal was Neues: Hier haben sich Kohlmeisen einen Briefkasten als Brutplatz ausgesucht

Im Nistkasten gut geschützt, warten die Meisenküken auf Futter

Nachtigall

Die Nachtigall ist unauffällig gefärbt. Männchen und Weibchen sehen gleich aus. Sie haben eine braune Oberseite, eine hell braungraue Unterseite und einen rostroten Schwanz. Dieser unscheinbare, etwa sperlingsgroße Vogel ist ein wahrer Meistersänger. Der lautstarke, melodische und abwechslungsreiche Gesang, der nicht nur in der Nacht erklingt, besteht aus kürzeren Strophen, die meist von gleich langen Pausen unterbrochen sind. Charakteristisch ist das sogenannte Schluchzen. Manch eine Nachtigall beherrscht bis zu 260 unterschiedliche Strophen. In Deutschland ist die Nachtigall schon recht selten geworden. Heute gibt es nur noch etwa 95.000 Brutpaare. Zum Vergleich: Die Zahl der bei uns brütenden Kohlmeisen-Paare beträgt fast zehn Millionen!

Eine Nachtigall mit Nistmaterial im Schnabel

Im Jahre 1995 wählte der NABU die Nachtigall zum „Vogel des Jahres". Damit wollte er auf die zunehmende Zerstörung der Lebensräume dieses Sängers hinweisen. Die Nachtigall lebt in Laub- und Mischwäldern mit dichtem Gebüsch. Sie brütet am Boden und findet zwischen den auf der Erde liegenden Blättern ausreichend zu fressen: Spinnen, Insekten und Würmer. Werden allerdings die Bäume gefällt oder das Unterholz aus den Wäldern beseitigt, verliert der Sänger seinen Lebensraum. Früher konnten Vogelfreunde Nachtigallengesang auch in Parks, Friedhöfen und größeren Gärten hören. Doch leider gibt es dort kaum noch verwilderte Ecken, wo die Nachtigall in Ruhe ihren Nachwuchs großziehen kann.

Am Boden findet die Nachtigall genug Spinnen, Insekten und Würmer zu fressen

Supersänger: Die Nachtigall kann bis zu 260 verschiedene Strophen schmettern!

Besungene Singvögel

Der herrliche Gesang vieler Singvögel hat zu allen Zeiten Dichter und Komponisten inspiriert. Beispielsweise hat Joseph Haydn ein Lerchenquartett geschrieben, und Ludwig van Beethoven lässt in seiner 6. Symphonie neben anderen Vögeln wie dem Kuckuck auch Singvögel wie die Goldammer erklingen. Ein Beispiel für die vielen Gedichte, die sich mit Lerchen, Amseln, weiteren Singvögeln und vor allem Nachtigallen befassen, ist dieses:

Erste Nachtigall

Ich stand am Bergessaum,
Gelehnt an einem Baum,
Da horch, im Tal ein Schall:
Die erste Nachtigall!

Jetzt weich und süß sie singt,
Dann schmetternd klar es klingt,
Und in der Menschenbrust
Blüht neue Frühlingslust.

Da schwindet altes Leid
Vor junger Seligkeit,
In Duft und Sonnenstrahl
Liegt rosig Berg und Tal.

Als glänz' ein Himmelstraum
In unser'n Erdenraum,
Als tropfe in die Brust
Ein Tropfen Himmelslust.

Ich stand am Bergessaum,
Gelehnt an einem Baum,
Als tief im Tal verklang
Der Nachtigall Gesang.

Franz Alfred Muth

Rauchschwalbe

Charakteristisch für die Rauchschwalbe sind ihre lang ausgezogenen Schwanzspieße

Die Rauchschwalbe ist oben blauschwarz und unten weiß. Wenn sie fliegt, kannst Du gut ihren tief gegabelten Schwanz mit den lang ausgezogenen Schwanzspießen erkennen. Bei der nahe verwandten Mehlschwalbe ist der Schwanz nur schwach gegabelt und hat keine Schwanzspieße. Die Rauchschwalbe ist sehr ruffreudig. Ihr schnell zwitschernder und oft wiederholter Gesang wird meist mit einem hellen „Schnurren" beendet. Als Kulturfolger baut die Rauchschwalbe ihr schalenförmiges Nest aus Lehm gern im Inneren von Scheunen, Ställen und anderen landwirtschaftlichen Gebäuden. Wenn die Feldwege aber asphaltiert werden, fehlen Lehmpfützen, sodass die Rauchschwalbe kein Nestmaterial mehr findet und deshalb nicht brüten kann.

Eine Rauchschwalbe sammelt Schlamm als Nistmaterial

Die Rauchschwalbe ist ein typischer Zugvogel. Im Herbst fliegt sie zur Überwinterung nach Südafrika. Das sind sage und schreibe 9.000 Kilometer! Im Frühjahr geht es dann wieder zurück. Oft findet sie sogar ihr Nest vom letzten Jahr wieder. Doch warum unternimmt die kleine Schwalbe so anstrengende Wanderungen? Das hängt mit ihrer Ernährung zusammen. Die Rauchschwalbe lebt von Insekten, die sie im Flug fängt. Da im Herbst und Winter weniger Insekten herumfliegen, müsste die Rauchschwalbe hungern. Um zu überleben, fliegt sie in wärmere Gefilde mit reichem Insektenangebot.

Als Kulturfolger baut die Rauchschwalbe ihr Nest gern in einer Scheune

Rotkehlchen

Wo gibt es was zu fressen?

Mit seinen orangeroten Federn an Stirn, Kehle und Brust und den großen dunkelbraunen Augen sieht das Rotkehlchen sehr schön aus. Auch sein stimmungsvoller, etwas melancholisch klingender Gesang ist beeindruckend. Die roten Federn erfüllen eine wichtige Aufgabe; mehr dazu verrät Dir Eule Xabi unten auf dieser Seite.

Ursprünglicher Lebensraum des Rotkehlchens sind unterholzreiche Laub- und Mischwälder. Hier sucht es im Bodenlaub nach Insekten, Spinnen und Würmern und findet bodennahe geschützte Plätze, etwa zwischen Baumwurzeln oder unter Grasbüscheln. Dort baut es sein meist napfförmiges Nest. Im Herbst und Winter frisst das Rotkehlchen auch gern Früchte verschiedener Wildsträucher. Ganz hoch im Kurs steht das Pfaffenhütchen, eine für uns sehr giftige Pflanze, nicht aber für das Rotkehlchen. Da es diese Früchte so mag, werden sie mancherorts auch als „Rotkehlchenbrot" bezeichnet.

In der Stadt brütet das Rotkehlchen in Parks, Friedhöfen und naturnah gestalteten Gärten. Bei der Nistplatzwahl ist dieses Vögelchen nicht sehr wählerisch. So wurden Bruten in Gießkannen, Futterhäuschen, Briefkästen, ja sogar in alten Schuhen und leeren Konservendosen beobachtet.

Dieses Rotkehlchen hat eine fette Schmetterlingsraupe erbeutet

Das Rotkehlchen sieht Rot

Bei der Verteidigung seines Reviers ist das Rotkehlchen gar nicht zimperlich. Reicht sein Gesang dazu nicht aus, hebt es seinen Kopf und zeigt dem Gegner das intensive Rot von Kehle und Brust. Zieht sich der Eindringling dann immer noch nicht zurück, kommt es zu heftigen Attacken, dass die Federn fliegen.

Im Bodennest betteln die Küken des Rotkehlchens um Futter

Vielleicht baut das Rotkehlchen im nächsten Frühjahr sein Nest in diesem alten Schuh?

Star

Im Frühling sieht der Star anders aus als im Herbst. Bis zur Mauser im Sommer, also dem Wechsel seiner Federn, glänzt das Gefieder in einem grünvioletten Schimmer. Im Herbst ist sein Federkleid mit hellen Tupfen übersät. Der Gesang, den der Star mit weit geöffnetem Schnabel, gesträubtem Kehlgefieder und heftig flatternden Flügeln vorträgt, besteht aus lauten Pfeiftönen, aber auch aus leisen knackenden und knirschenden Lauten.

Der Star ist weit verbreitet. Nach Schätzungen leben auf der Welt über 600 Millionen dieser Singvögel. In Deutschland gibt es ungefähr vier Millionen. Ursprünglich brütete der Star vorwiegend in Baumhöhlen außerhalb von Siedlungen. Doch längst ist auch die Stadt ein wichtiger Lebensraum geworden. Ein Grund sind die vielen Staren-

Der Star ist ein richtiger Stimmakrobat

Bevor die Reise losgeht, sammeln sich die Stare auf der Leitung

kästen, ein anderer das reichhaltige Nahrungsangebot. Wie die Amsel sucht auch der Star gern auf Rasenflächen nach Regenwürmern. Ab und zu sammelt er sogar totgefahrene Insekten, Spinnen und Schnecken von der Straße und kommt dann leider manchmal selbst unter die Räder.

Der Star ist sehr gesellig. Im Spätsommer und Herbst kannst Du am Himmel riesige Schwärme beobachten, die wie dunkle Wolken aussehen. Der Star ist dann auch in großer Zahl in Obstplantagen und Weinbergen unterwegs auf der Suche nach Früchten. Dabei kann er erhebliche Schäden anrichten.

Schiri!
Gern baut der Star Rufe und Gesänge anderer Vögel in seinen Gesang ein. Er kann sogar Geräusche nachmachen, etwa das Pfeifen des Schiedsrichters vom Fußballplatz.

Wie eine dunkle Wolke sieht dieser große Starenschwarm aus

Im Herbst siehst Du auf dem dunklen Starengefieder viele helle Tupfen

Zaunkönig

Der in verschiedenen Brauntönen gefärbte Zaunkönig ist kleiner als ein Spatz. Sein Schwänzchen trägt er meistens aufgestellt. Dieser Winzling beeindruckt mit seinem laut schmetternden Gesang: In den langen Strophen folgen Triller verschiedener Länge und Lautstärke aufeinander. Beim Singen wendet der Zaunkönig das rundliche Köpfchen hin und her, spreizt die Flügel leicht ab und zittert am ganzen Körper.

Der Zaunkönig lebt in unterholzreichen Laub- und Mischwäldern, aber auch in Parks und Gärten mit viel Buschwerk. Wie eine Maus huscht er durch das bodennahe Gestrüpp, immer auf der Suche nach Würmern, Spinnen und Insekten. Das Zaunkönig-Männchen baut nicht nur ein Nest, sondern gleich mehrere, von denen sich das Weibchen eins aussucht. Manche Männchen sind sogar mit zwei oder drei Weibchen verpaart. Die hauptsächlich aus Moos gebauten Nester sind kugelig und haben ein seitliches Schlupfloch. Sie sind meist gut versteckt, etwa in einem Reisighaufen, einer efeubewachsenen Hauswand oder sogar in einer weggeworfenen Blechbüchse.

> ### König Zaunkönig 
> Aus der Antike ist die Fabel überliefert, nach der die Vögel denjenigen zum König wählen wollten, der am höchsten fliegen kann. Der Adler war sich seines Sieges schon gewiss, als der Zaunkönig, der sich auf seinem Rücken versteckt gehalten hatte, noch ein Stück höher flog.

Der laute Gesang des winzigen Zaunkönigs ist weithin hörbar

Bald kann der kleine Zaunkönig losfliegen

Der Zaunkönig hat sein Nest an gut geschützter Stelle in einem Stall gebaut

Zaunkönigsküken bekommen als Futter viele Spinnen und Insekten

Großes Singvögel-Quiz

Du weißt jetzt schon gut Bescheid über die Singvögel. Bestimmt kannst Du Deinen Freunden und Verwandten Spannendes aus dem Leben dieser interessanten Tiere erzählen und ihnen vielleicht sogar die Stimmen des einen oder anderen Sängers näherbringen. Hast Du Lust, Dein Wissen zu testen? Dann kreuze bei jeder Frage die Antwort mit Bleistift an, die Du für richtig hältst. Manchmal sind auch mehrere Antworten korrekt. Auf Seite 56 findest Du die Lösungen. Ich wünsche Dir viel Spaß und Erfolg!

1) Welche dieser Vögel sind Singvögel?
a) Stockente ○
b) Haussperling ○
c) Kranich ○
d) Buchfink ○

2) Wie heißt unser größter Singvogel?
a) Eichelhäher ○
b) Amsel ○
c) Kolkrabe ○
d) Rauchschwalbe ○

3) Wie heißt unser kleinster Singvogel?
a) Zaunkönig ○
b) Star ○
c) Rotkehlchen ○
d) Wintergoldhähnchen ○

4) Welche Gemeinsamkeiten haben die Singvögel?
a) Alle können schön singen. ○
b) Sie besitzen ein besonders leistungsfähiges Stimmorgan. ○
c) Ihr Gefieder ist bunt. ○
d) Sie haben eine kräftige Flugmuskulatur und hohle Knochen. ○

5) Welche Singvögel haben einen besonders wohlklingenden Gesang?
a) Amsel ○
b) Gimpel ○
c) Rotkehlchen ○
d) Nachtigall ○

6) Was sind die beiden Hauptaufgaben des Singvogelgesangs?
a) ein Revier markieren ○
b) vor einem Feind warnen ○
c) ein Weibchen anlocken ○
d) die Küken beruhigen ○

7) Welche Singvögel sind Spottsänger?
a) Kohlmeise ○
b) Zaunkönig ○
c) Sumpfrohrsänger ○
d) Star ○

8) Welche Singvögel rufen bei Gefahr „Pink"?
a) Kohlmeise ○
b) Amsel ○
c) Haussperling ○
d) Buchfink ○

Hungrige Schwalben warten auf Futter

54

Rotkehlchen im Flug

9) Welche Singvögel fressen vorzugsweise Insekten?
a) Eichelhäher .... ○
b) Buchfink .... ○
c) Zilpzalp .... ○
d) Sommergoldhähnchen .... ○

10) Welche Singvögel fressen gern Körner?
a) Buchfink .... ○
b) Rauchschwalbe .... ○
c) Zaunkönig .... ○
d) Stieglitz .... ○

11) Welche Singvögel sind monogam?
a) Amsel .... ○
b) Kolkrabe .... ○
c) Tannenmeise .... ○
d) Gimpel .... ○

12) Wo brütet die Feldlerche?
a) in Büschen und Bäumen .... ○
b) am Boden .... ○
c) im Nistkasten .... ○
d) an der Hauswand .... ○

13) Welche Aufgaben erfüllen Singvögel in der Natur?
a) Sie fressen schädliche Insekten. ...... ○
b) Sie sorgen für die Verbreitung von Pflanzen. .. ○
c) Sie bringen Farbe in die Natur. .... ○
d) Sie sind die Beute anderer Tiere. ..... ○

14) Unter welchen Gefahren leiden Singvögel besonders?
a) Zerstörung der Lebensräume .... ○
b) Jagd .... ○
c) Intensivierte Landwirtschaft .... ○
d) Lärm .... ○

15) Was macht einen vogelfreundlichen Garten aus?
a) Er sieht schön aus. .... ○
b) Er bietet verschiedene Nistmöglichkeiten. ..... ○
c) Er ist sehr groß. .... ○
d) In ihm wachsen viele einheimische Pflanzen. ○

16) Wo brütet die Amsel?
a) auf der Wiese .... ○
b) in Bäumen und Sträuchern .... ○
c) im Blumenkasten .... ○
d) im Gebirge .... ○

17) Warum ist der Haussperling mancherorts schon selten geworden?
a) Er wird gejagt. .... ○
b) Ihm fehlen Insekten für die Jungenaufzucht. .. ○
c) Er wird von Katzen gefressen. .... ○
d) Er findet nicht ausreichend Nistmöglichkeiten. ○

18) Welcher Singvogel kann mit mehreren Weibchen verpaart sein?
a) Amsel .... ○
b) Rotkehlchen .... ○
c) Zaunkönig .... ○
d) Buchfink .... ○

19) Welcher Singvogel heißt so, wie er singt?
a) Elster .... ○
b) Wintergoldhähnchen .... ○
c) Zilpzalp .... ○
d) Blaumeise .... ○

20) Was hilft Dir beim Beobachten von Singvögeln?
a) ein gutes Fernglas .... ○
b) weite Reisen machen .... ○
c) ein handliches Bestimmungsbuch .... ○
d) ein kleines Notizheft .... ○

NTV — Entdecke die Reihe mit der Eule!

Entdecke die Eulen

Entdecke die Greifvögel

Entdecke die Rabenvögel

Entdecke die Spechte

Entdecke die Finken

Entdecke die Eisvögel

Entdecke die Zugvögel

Entdecke die Singvögel

Entdecke die Meisen

Entdecke die Kraniche

Entdecke die Störche

Entdecke die Möwen

Entdecke die Pinguine

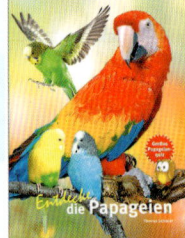
Entdecke die Papageien

Entdecke die Kolibris

Entdecke die Fledermäuse

Entdecke die Hunde

Entdecke die Kühe

Entdecke die Pferde

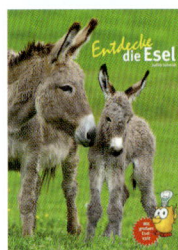
Entdecke die Esel

Entdecke die Nagetiere

Entdecke die Igel

Entdecke die Waschbären

Entdecke die Biber

Entdecke die Wölfe

Entdecke die Tiger

Entdecke die Menschenaffen

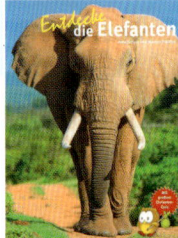
Entdecke die Elefanten

Entdecke die Nashörner

Natur und Tier - Verlag GmbH
An der Kleimannbrücke 39/41 · 48157 Münster
Telefon: 0251 - 13339-0 · Fax: 0251 - 13339-33
E-Mail: verlag@ms-verlag.de · www.ms-verlag.de